Impressum
Verlag: BABADADA GmbH, Nedderfeld 112 , 22529 Hamburg
Geschäftsführer / Verlagsleitung: Harald Hof
Druck: Books on Demand GmbH, In de Tarpen 42, 22848 Norderstedt

Imprint
Publisher: BABADADA GmbH, Nedderfeld 112 , 22529 Hamburg, Germany
Managing Director / Publishing direction: Harald Hof
Print: Books on Demand GmbH, In de Tarpen 42, 22848 Norderstedt, Germany

mokykla

ቤት-ትምህርቲ

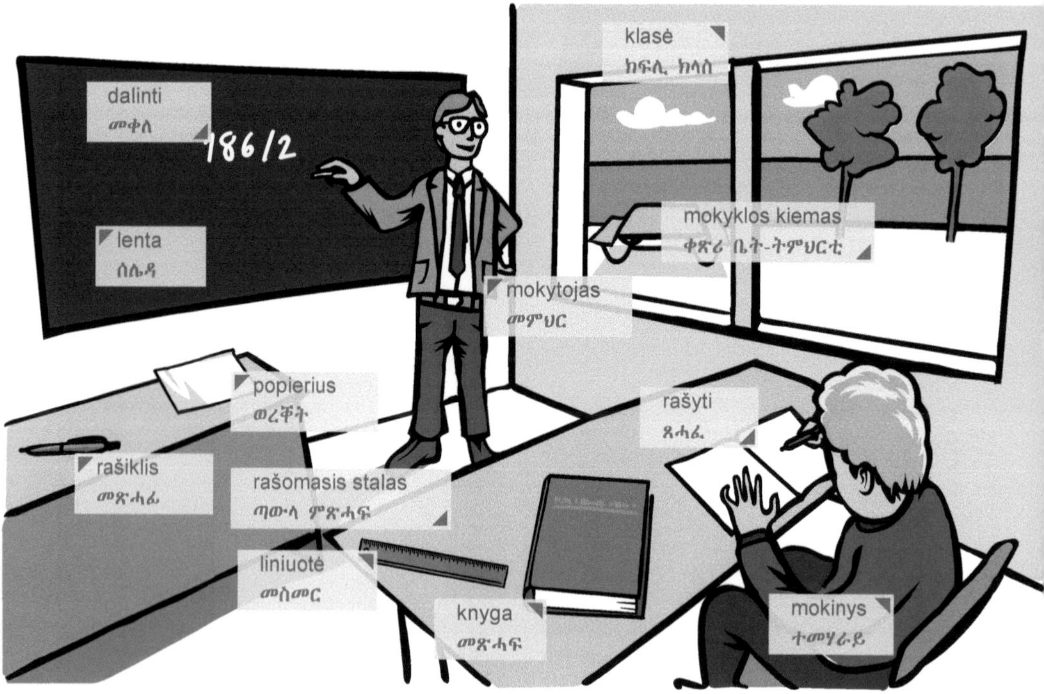

klasė
ክፍሊ ክላስ
dalinti
መቀለ
186/2
lenta
ሰሌዳ
mokyklos kiemas
ቀጽሪ ቤት-ትምህርቲ
mokytojas
መምህር
popierius
ወረቐት
rašyti
ጸሓፈ
rašiklis
መጽሓፊ
rašomasis stalas
ጣውላ ምጽሓፍ
liniuotė
መስመር
knyga
መጽሓፍ
mokinys
ተመሃራይ

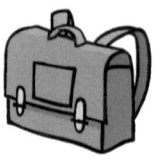

kuprinė

ሳንጣ ትምህርቲ

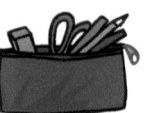

penalas

ሰፊር ብርዒ

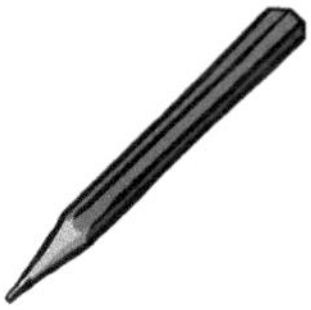

pieštukas

ርሳስ

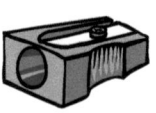

drožtukas

መብልሒ ርሳስ

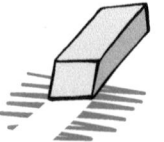

trintukas

መደምሰሲ

piešimo bloknotas

ጥራዝ ስእሊ

piešinys

ስእሊ

teptukas

ብርሺ ቀለም

dažų dėžutė

ቦክስ ቀለም

žirklės

መቐስ

klijai

መጣበቒ

vadovėlis

ጥራዝ መላመዲ

namų darbai

ዕዮ ገዛ

12

numeris

ቁጽሪ

2+2

pridėti

ወሰኸ

5-2

atimti

ጎደለ

2×2

dauginti

ረብሐ

skaičiuoti

ደመረ

A

raidė

ፊደል

ABCDEFG HIJKLMN OPQRSTU VWXYZ

abėcėlė

ስርዓት ፊደላት

žodis

ቃል

tekstas

ጽሑፍ

skaityti

አንበበ

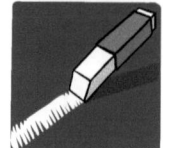

kreida

ኩርሽ

pamoka

ሰዓት

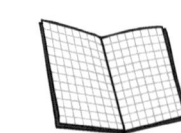

dienynas

መዝገብ ክላስ

egzaminas

መርመራ

pažymėjimas

ሰርቲፊከት

mokyklinė uniforma

ድቢዛ ቤትትምህርቲ

išsilavinimas

ትምህርቲ

enciklopedija

ለክሲኮን

universitetas

ዩኒቨርሲቲ

mikroskopas

ሚክሮስኮፕ

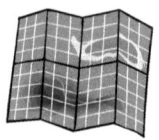

žemėlapis

ካርታ

šiukšliadėžė

ጐሓፍ ወረቐት

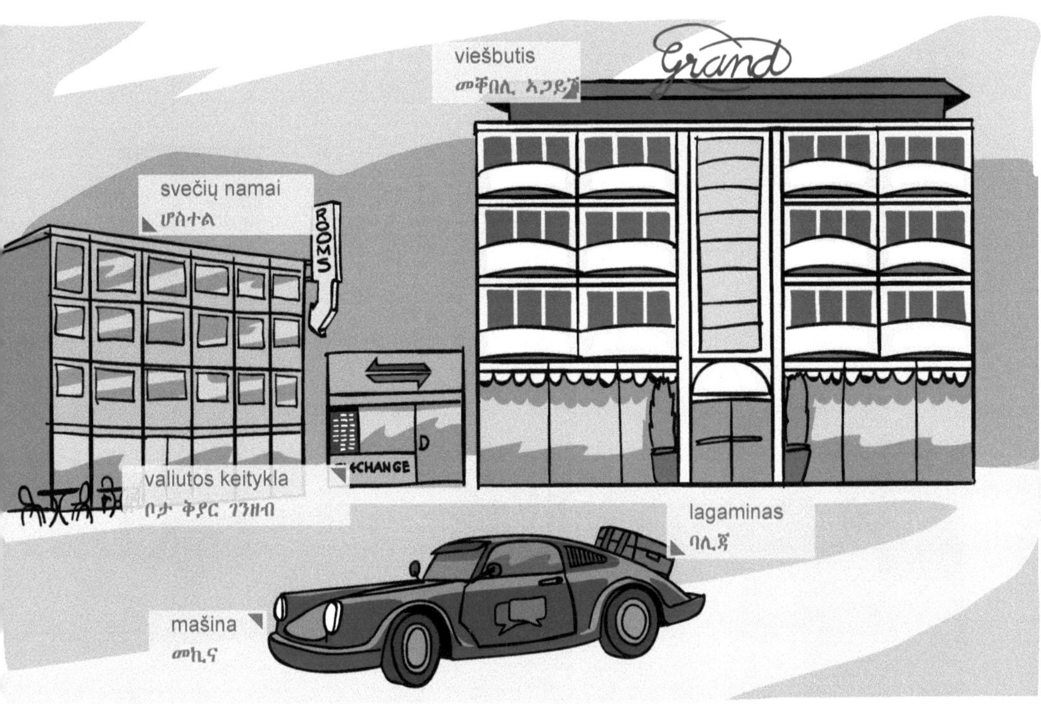

viešbutis
መቕበሊ ኣጋይሽ
Grand
svečių namai
ሆስተል
ROOMS
EXCHANGE
valiutos keitykla
ቦታ ቅያር ገንዘብ
lagaminas
ባሊጃ
mašina
መኪና

kalba

ቋንቋ

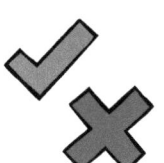

taip / ne

እወ / ኖ

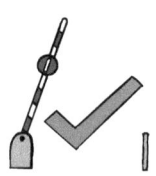

Gerai

ሕራይ

sveiki

ሰላም

vertėjas raštu

ኣስተርጓሚ

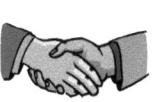

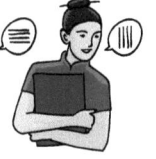

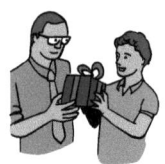

Ačiū

የቐንየለይ

kiek kainuoja...?

. . . ክንደይ ዋግኡ?

aš nesuprantu

አይተረዲኣኹን

problema

ሽግር

Labas vakaras!

ሰላም ምሸት!

Labas rytas!

ከመይ ሓዲርካ

Labos nakties!

ሰላም ለይቲ

viso gero

ደሓን ኩን

kryptis

አንፈት

bagažas

ጉዕዝ

krepšys

ሳንጣ

kuprinė

ሳንጣ ሕቆ

svečias

ጋሻ

kambarys

ክፍሊ

miegmaišis

ክሻ መደቀሲ

palapinė

ቴንዳ

turizmo informacija

ሓበሬታ በጻሕቲ ሃገር

paplūdimys

ገምገም ባሕሪ

kreditinė kortelė

ክሬዲት ካርድ

pusryčiai

ቁርሲ

pietūs

ምሳሕ

vakarienė

ድራር

bilietas

ቲከት

liftas

ሊፍት

pašto ženklas

ማሕተም ደብዳበ

siena

ዶብ

muitinė

ድንና

ambasada

ኤምበሲ

viza

ቪዛ

pasas

ፓስፖርት

lėktuvas
ነፋሪት

laivas
መርከብ

gaisrinė mašina
መኪና መጥፍኢ ሓዊ

sunkvežimis
ናይ ጽዕነት መኪና

autobusas
አውቶቡስ

motorinė valtis
ጀልባ ሞቶር

mašina
መኪና

motociklas
ብሽግለታ

keltas	valtis	mopedas

ፈሪ	ጀልባ	ሞቶ

policijos automobilis	lenktyninis automobilis	nuomojamas automobilis

መኪና ፖሊስ	መኪና ቅድድም	ክራይ መኪና

bendras automobilio naudojimas

ምውፋይ መካይን

techninės pagalbos automobilis

መወስዲ መኪና

šiukšliavežė

መኪና ጎሓፍ

variklis

ሞቶር

degalai

ነዳዲ

degalinė

እንዳ ነዳዲ

kelio ženklas

ምልክት ትራፊክ

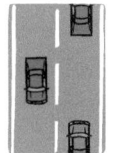

eismas

ትራፊክ

eismo spūstis

ምጭቕጫቕ ትራፊክ

mašinų stovėjimo aikštelė

መዕሸጊ መኪና

traukinių stotis

መዕረፊ ባቡር

bėgiai

ሓዲግ

traukinys

ባቡር

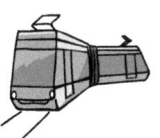

tramvajus

ትረም

vagonas

ባጎኒ

sraigtasparnis

ኄሊኮፕተር

oro uostas

መዓረፈ ነፈርቲ

bokštas

ታወር

keleivis

ተጓዓዚ

konteineris

ኮንተይነር

dėžė

ሳንዱቅ ካርቶን

vežimėlis

ኮርሳ ጽዕነት

krepšys

ዘንቢል

pakilti / nusileisti

ተበገሰ / ዓለበ

miestas

ከተማ

kaimas

ቀኈሸት

miesto centras

ማእከል ከተማ

namas

ገዛ

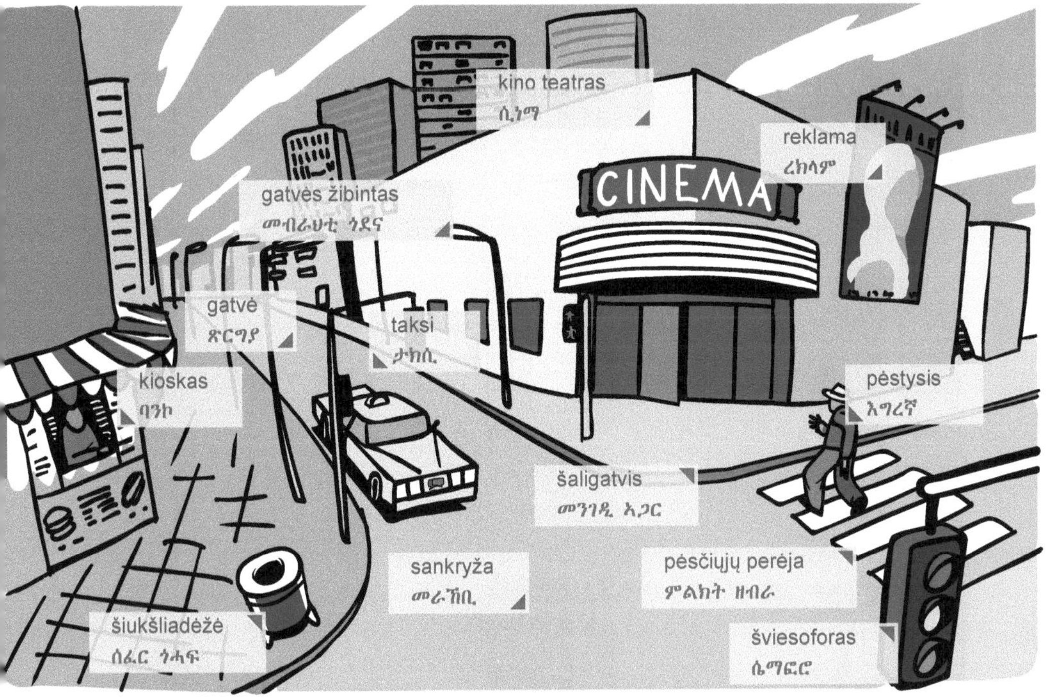

kino teatras
ሲነማ

reklama
ረክላም

CINEMA

gatvės žibintas
መብራቲ ጎደና

gatvė
ጽርግያ

taksi
ታክሲ

pėstysis
እግረኛ

kioskas
ባንኮ

šaligatvis
መንገዲ እግር

sankryža
መራኸቢ

pėsčiųjų perėja
ም ልክት ዘብራ

šiukšliadėžė
ሰፈር ጎሓፍ

šviesoforas
ሴማፎር

trobelė
....
ኣጉዶ

butas
....
ኣፓርትመንት

traukinių stotis
....
መዕረፊ ባቡር

rotušė
....
ቤት ምምሕዳር

muziejus
....
ቤተ መዘክር

mokykla
....
ቤት-ትምህርቲ

universitetas

ዩኒቨርሲቲ

bankas

ባንክ

ligoninė

ሆስፒታል

viešbutis

መቦበሊ አጋይሽ

vaistinė

ቤት መድሃኒት

biuras

ቤት ጽሕፈት

knygynas

ዱኳን መጽሓፍቲ

parduotuvė

ዱኳን

gėlių parduotuvė

ዱኳን ዕንባባ

prekybos centras

ሱፐርማርክት

turgus

ዕዳጋ

universalinė parduotuvė

ሹቕ

žuvies parduotuvė

ነጋዳይ ዓሳ

prekybos centras

ሹቕ

uostas

መርሳ

parkas

መዝናግዒ

suoliukas

ባንኪ

tiltas

ድልድል

laiptai

መደያይቦ

metro

ባቡር ትሕቲ ምድሪ

tunelis

ቢንቶ

autobusų stotelė

መዕረፊ አውቶቡስ

baras

ቤት መስተ

restoranas

ቤት-መግቢ

lauko pašto dėžutė

ሰታሪት

kelio ženklas

ታቤላ

parkomatas

ሰዓት ፓርኪንግ

zoologijos sodas

መካነ እንስሳታት

baseinas

መሓምበሲ

mečetė

መስጊድ

ūkininko ūkis

ቤት ሕርሻ

tarša

ብከላ

kapinės

መቃብር

bažnyčia

ቤተክርስትያን

žaidimų aikštelė

ቦታ ምጽዋት

šventykla

ቤት መቅደስ

kraštovaizdis
ስእሊ መሬት

lapas
ኣቝጽልቲ

kelio rodyklė
መሕበሪ መገዲ

kelias
መገዲ

pieva
ሸኻ

akmuo
እምኒ

medis
ኣግራብ

ėjikas
ኮብላሊ

upė
ፈለግ

žolė
ሰዓሪ

gėlė
ዕንባባ

slėnis

ስንጥሮ

kalva

ኮበ

ežeras

ቀላይ

miškas

ዱር

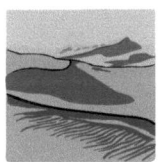

dykuma

ምድረ በዳ

ugnikalnis

እሳተ-ጎመራ

pilis

ግምቢ

vaivorykštė

ቀስተ-ደመና

grybas

ቃንጦሻ

palmė

ዖርኮብኮባይ

uodas

ጣንጡ

musė

ሃመማ

skruzdėlė

ጻጻ

bitė

ንህቢ

voras

ሳሬት

vabalas

ሕንዚዝ

varlė

ዕንቅርያብ

voverė

ምጽጹላይ

ežys

ቅንፍዝ

kiškis

ማንቲለ

peléda

ጉንጓ

paukštis

ጭሩ

gulbė

ስዋን

šernas

መፍለስ

elnias

ዓጋዘን

briedis

ሙስ

užtvanka

ግድብ

vėjo jėgainė

ተርባይን ንፋስ

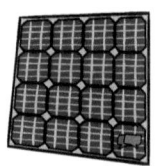

saulės baterija

ሶላር ስርሓት

klimatas

ኩነታት አየር

padavėjas
አስላፊ

meniu
ካርታ
መግብታት

kėdė
መንበር

sriuba
መረቅ

pica
ፒትሳ

stalo įrankiai
መመታተሪ

staltiesė
ክዳን ጣውላ

užkandis
ቅድመ ቀንዲ መግቢ

pagrindinis patiekalas
ቀንዲ መአዲ

desertas
ድሕሪ መግቢ

gėrimai
መስተ

maistas
መግቢ

butelis
ጥርሙዝ

greitai pateikiamas maistas

ስሉጥ መግቢ

gatvės maistas

መግቢ ጽርግያ

arbatinukas

ብርጭቆ ሻሂ

cukrinė

ታኒካ ሽኮር

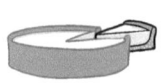

porcija

ክፋል

espreso aparatas

ማሺን ኤስፕሬሶ

aukšta kėdė

ነዊሕ መንበር

sąskaita

ጸብጻብ

padėklas

ታብለት

peilis

ካራ

šakutė

ፋርከታ

šaukštas

ማንካ

arbatinis šaukštelis

ማንካ ሻሂ

servetėlė

ሰርቪየተ

stiklinė

ብኬሪ

lėkštė

ሸሓኒ

sriubos lėkštė

ሸሓኒ መረቕ

padėklas

ትሕቲ ኩባያ

padažas

ጸብሒ

druskinė

ወዓቢ ጨው

pipirų malūnėlis

መጥሓን በርበረ

actas

ኣቾቶ

aliejus

ዘይቲ

prieskoniai

ቀመም

kečupas

ከቸፕ

garstyčios

ኣድሪ

majonezas

ማዮኔዝ

specialus pasiūlymas
ወፈይ

pirkėjas
ዓሚል

pieno produktai
ፍርያታት ጸባ

vaisiai
ፍረታት

troleibusas
ሰረገላ ዱኳን

FOR

mėsos parduotuvė	kepykla	sverti
እንዳ ስጋ	እንዳ ባኒ	ክብደት
	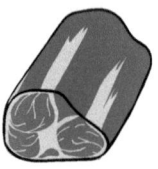	
daržovės	mėsa	šaldytas maistas
ኣሕምልቲ	ስጋ	መግቢ ፍሪጅ በረድ

šalti mėsos užkandžiai

ዝሑል ቅሩብ መግቢ

konservai

እስታጦላ

skalbimo milteliai

ኣሞ

saldumynai

ምቁር መግቢ

ūkinės prekės

ዘቤታውያን ኣቅሑ

valymo priemonės

ናውቲ መጽረዪ

pardavėja

ሽቃጣይ

kasos aparatas

ካሳ

kasininkas

ተሓዝ ገንዘብ

pirkinių sąrašas

ዝርዝር ምግዛእ

darbo valandos

ክፉት ሰዓታት

piniginė

ማሕፉዳ

kreditinė kortelė

ክሬዲት ካርድ

maišelis

ሳንጣ

plastikinis maišelis

ፌስታል

vanduo

ማይ

sultys

ጽማቍ

pienas

ጸባ

kola

ኮላ

vynas

ነቢት

alus

ቢራ

alkoholis

አልኮል

kakava

ካካው

arbata

ሻሂ

kava

ቡን

espresas

ኤስፕሬሶ

kapučinas

ካፑቺኖ

bananas

ባናና

obuolys

ቱፋሕ

apelsinas

አራንዥ

arbūzas

ብርጭቆ

citrina

ለሚን

morka

ካሮት

česnakas

ጸዕዳ ሽጉርቲ

bambukas

ባምቡስ

svogūnas

ሽጉርቲ

grybas

ቅንጥሻ

riešutai

ፉል

makaronai

ፓስታ

spagečiai

ስፓገቲ

ryžiai

ሩዝ

salotos

ሰላጣ

traškučiai

ቅልዋ ድንሽ

keptos bulvės

ቅሉው ድንሽ

pica

ፒትሳ

mėsainis

ሃምቡርገር

sumuštinis

ፓኒኖ

pjausnys

ቢስተካ

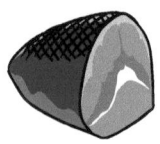

kumpis

ሰለፍ ሓሰማ

saliamis

ሳላሚ

dešrelė

ግዕዝም

vištiena

ደርሆ

kepsnys

ቀለወ

žuvis

ዓሳ

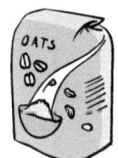

avižų dribsniai

ገዓት

dribsniai su priedais

ሙስሊ

kukurūzų dribsniai

ኮርንፍለይክስ

miltai

ሓርጭ

prancūziškasis ragelis

ክሮሶን

bandelė

ባኒ

duona

ባኒ

skrebutis

ቶስት

sausainiai

ብስኮቲ

sviestas

ጠስሚ

varškė

ርጎ

tortas

ፓስተ

kiaušinis

እንቋቍሖ

kiaušinienė

ቅሉው እንቋቍሖ

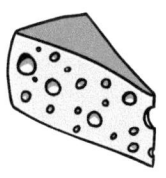

sūris

ፎርማጆ

ledai

አይስ ክሪም

cukrus

ሽኮር

medus

መዓር

uogienė

ጄም

tepamas šokoladas

ኑጋት-ክሪም

karis

ኩሪ

ūkininko ūkis

ቤት ሕርሻ

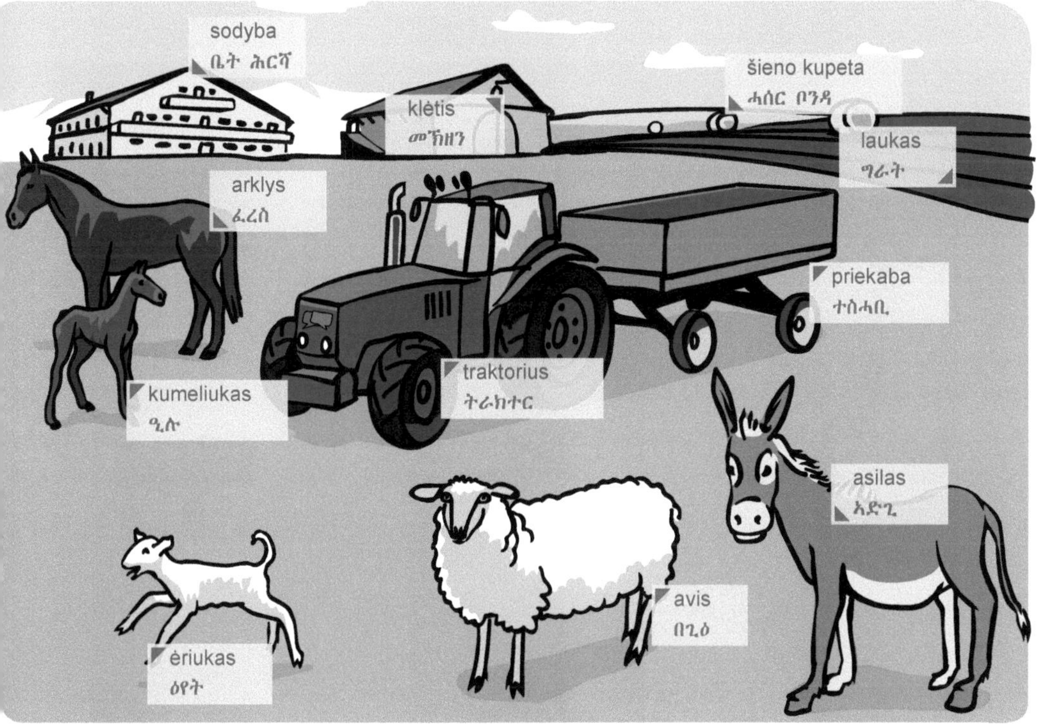

sodyba
ቤት ሕርሻ
klėtis
መኽዘን
šieno kupeta
ሓሰር ቦንዳ
laukas
ግራት
arklys
ፈረስ
priekaba
ተስሓቢ
kumeliukas
ዒሉ
traktorius
ትራክተር
asilas
ኣድጊ
avis
በጊዕ
ėriukas
ዕየት

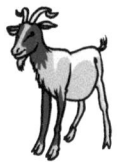

ožys

ጤል

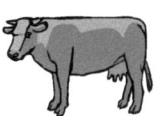

karvė

ብዕራይ

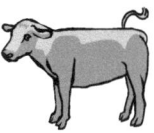

veršis

ምራኽ

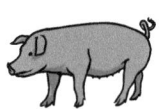

kiaulė

ሓሰማ

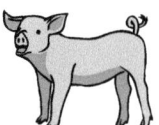

paršelis

ውላድ ሓሰማ

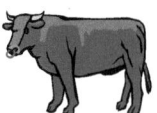

bulius

ኣርሓ

žąsis

ዳዳ

antis

ማይ ደርሆ

viščiukas

ጫቁሊት

višta

ደርሆ

gaidys

ኣርሓ ደርሆ

žiurkė

ኣንጨዋ ዓባይ

katė

ድሙ

pelė

ኣንጭዋ

jautis

ብዕራይ

šuo

ከልቢ

šuns būda

ኣጎዶ ከልቢ

sodo namas

ቤባ ጀርዲን

laistytuvas

መዝፈፊ ማይ

dalgis

ዓቢ ማዕጺድ

plūgas

ማሕረሻ

pjautuvas

ማዕጺድ

kauptukas

ጭነኰር

šakės

መስአ

kirvis

ፋስ

statinė

ዓረብያ ኢድ

lovys

ጋብላ

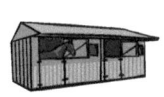

bidonas

ብርዑቆ ጸባ

maišas

ክሻ

tvora

ሓጹር

arklidė

መንሰስ

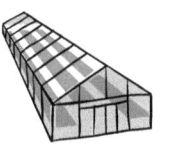

šiltnamis

ቾጠልያ ገዛ

dirva

ባይታ

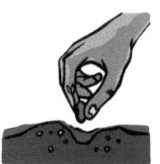

sėkla

ዘርኢ

trašos

ድኹዒ

kombainas

ዘጣምር ቀውዓይ

rinkti

ቀውዐ

derlius

ጸማ

saldžiosios bulvės

ድንሽ ያም

kviečiai

ስርናይ

soja

ሶያ

bulvė

ድንሽ

kukurūzai

ዕፉን

rapsai

ራፕስ

vaismedis

ገረብ ፍረታት

manijokas

ማኒአክ

grūdai

እኽሊ

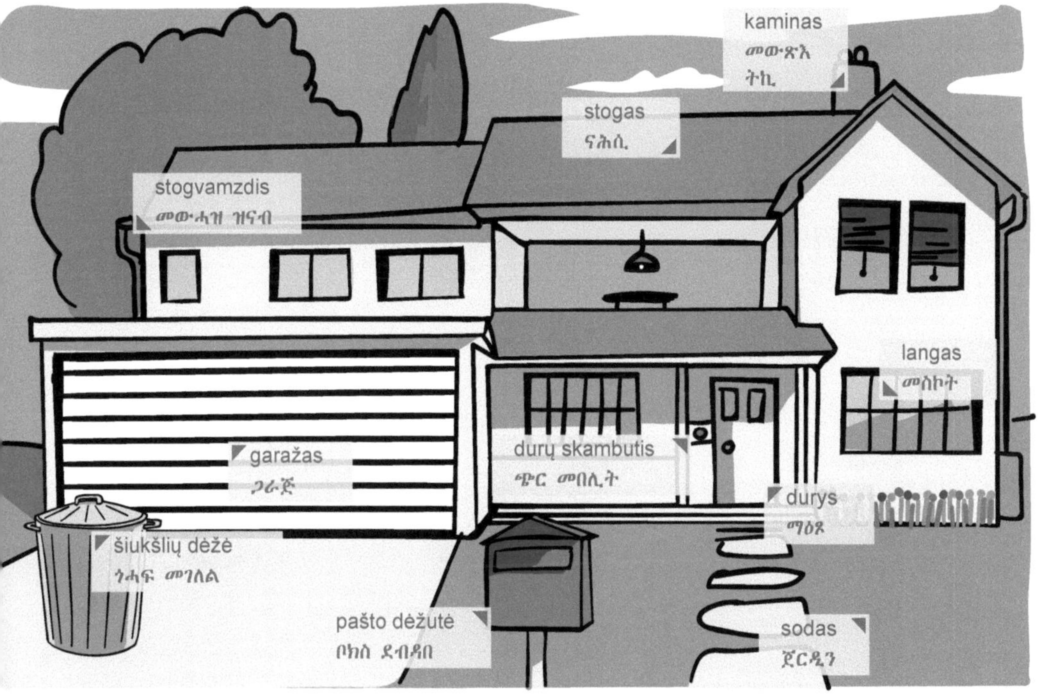

kaminas
መውጽእ ትኪ

stogas
ናሕሲ

stogvamzdis
መውሓዝ ዝናብ

langas
መስኮት

garažas
ጋራጅ

durų skambutis
ጭር መበሊት

durys
ማዕጾ

šiukšlių dėžė
ጎሓፍ መገለል

pašto dėžutė
ቦክስ ደብዳበ

sodas
ጀርዲን

svetainė

ክፍሊ ምቕማጥ

vonios kambarys

ክፍሊ ባንዮ

virtuvė

ክሽን

miegamasis

ክፍሊ መደቀሲ

vaiko kambarys

ክፍሊ ቆልዑ

valgomasis

መመገቢ ክፍሊ

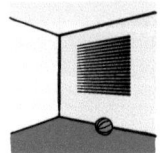

grindys

ባይታ

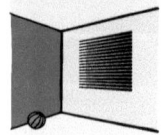

siena

መንደቅ

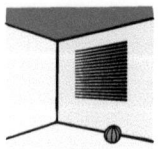

lubos

ከበርታ

rūsys

ካንቲና

sauna

ሳውና

balkonas

ባልኮን

terasa

ዛላ

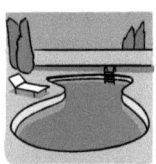

baseinas

መሕምበሲ

žoliapjovė

መቚረጺ ሳዕሪ

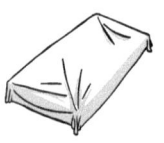

paklodė

አንሶላ ዓራት

lovatiesė

ከበርታ ዓራት

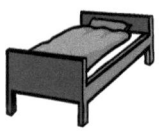

lova

ዓራት

šluota

መኾስተር

kibiras

መገለል

jungiklis

መወልዒት

svetainė

ክፍሊ ምቕማጥ

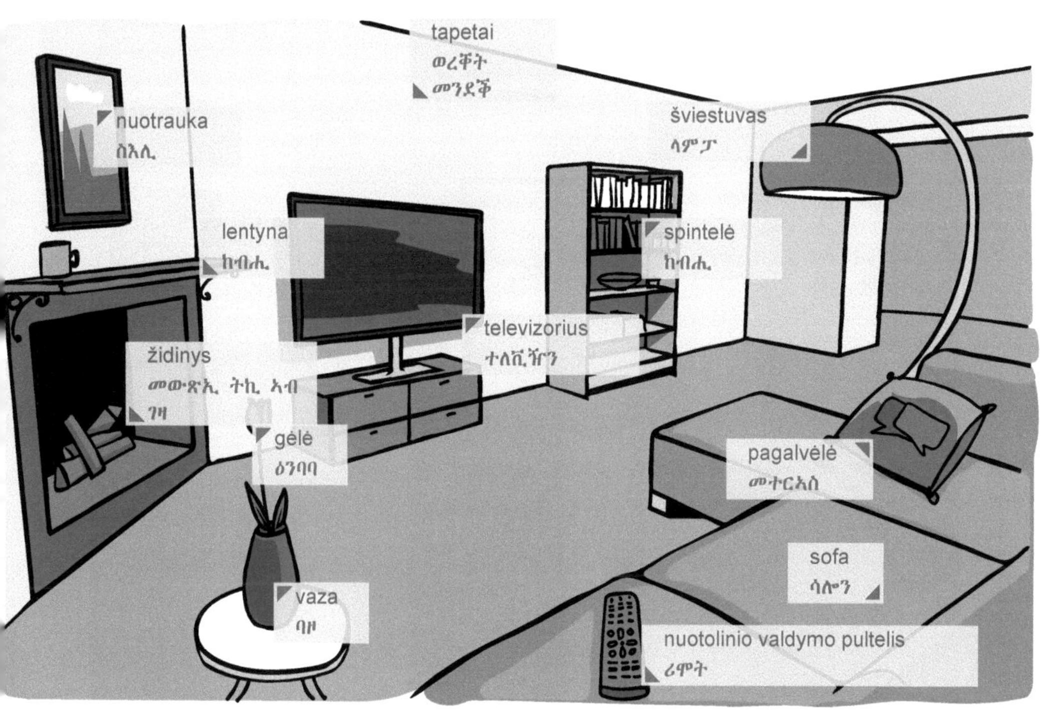

tapetai
ወረቐት
መንደቕ
nuotrauka
ስእሊ
šviestuvas
ላምፓ
lentyna
ከብሒ
spintelė
ከብሒ
televizorius
ተለቪዥን
židinys
መውጽኢ ትኪ ኣብ
ገዛ
gėlė
ዕንባባ
pagalvėlė
መተርኣስ
sofa
ሳሎን
vaza
ባዞ
nuotolinio valdymo pultelis
ሪሞት

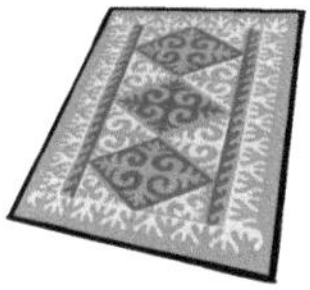

kilimas

መንጸፍ

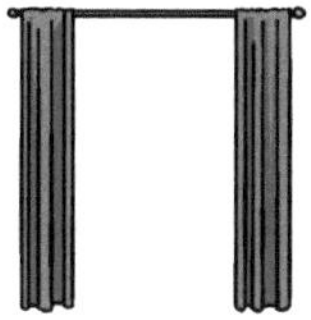

užuolaida

መጋረጃ

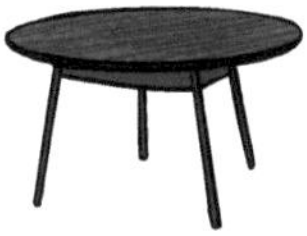

stalas

ጣውላ

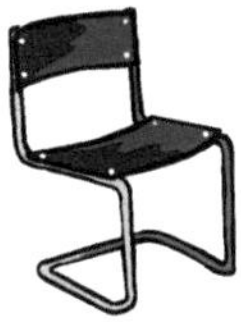

kėdė

መንበር

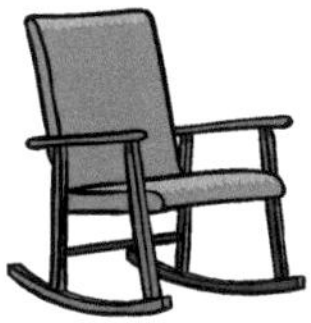

supamasis krėslas

ሰለል ዝብል መንበር

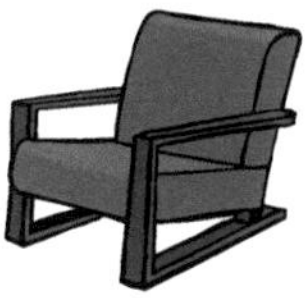

fotelis

መንበር ምቹእ

knyga

መጽሐፍ

antklodė

ከበርታ

papuošimai

ስልማት

malkos

እንጨይቲ ሓዊ

filmas

ፊልም

stereo aparatūra

ስተረዮ

raktas

መፍትሕ

laikraštis

ጋዜጣ

paveikslas

ቕብኣ

plakatas

ፖስተር

radijas

ረድዮ

užrašų knygelė

ጥራዝ

dulkių siurblys

መልገሲ ደርና

kaktusas

በለስ

žvakė

ሽምዓ

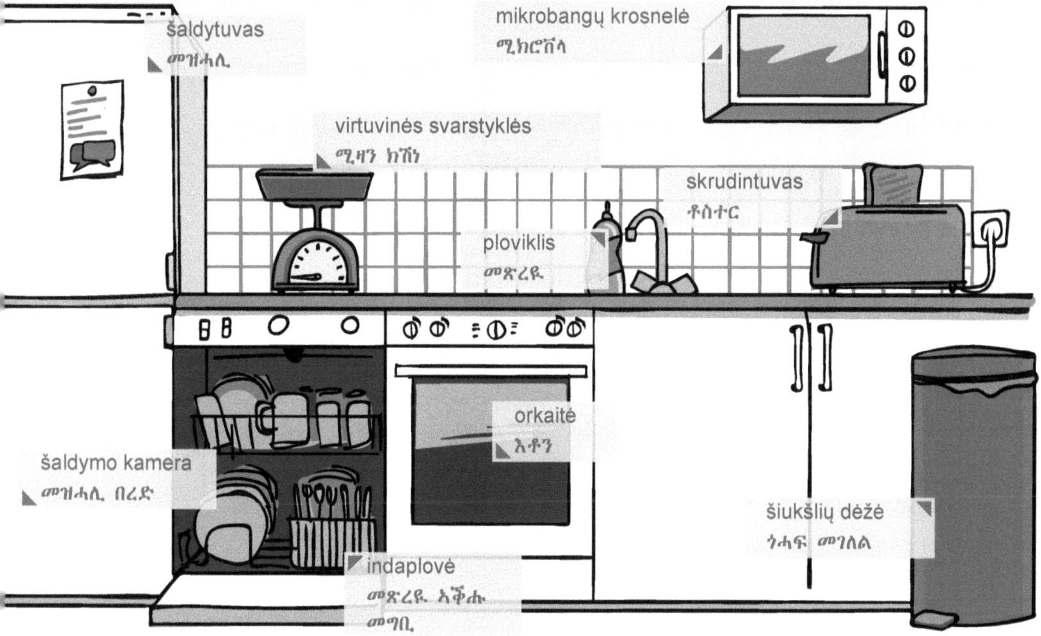

šaldytuvas
መዝሓሊ

mikrobangų krosnelė
ሚክሮቨሽላ

virtuvinės svarstyklės
ሚዛን ክሽን

skrudintuvas
ቶስተር

ploviklis
መጽረዪ

šaldymo kamera
መዝሓሊ በረድ

orkaitė
እቶን

šiukšlių dėžė
ጎሓፍ መገለል

indaplovė
መጽረዪ እቑሑ
መግቢ

viryklė
መኽሸኒ

puodas
ድስቲ

ketaus puodas
ድስቲ ሓጺን

„wok" keptuvė
ሾክ/ካዳይ

keptuvė
ባደላ

virdulys
መውዓዪ ማይ

garų puodas

መፍልሒ

kepimo skarda

ጎንቴራ ምስንካት

porceliano indai

አቅሑ መግቢ

puodelis

ብርጭቆ

dubuo

ጭሖሎ

valgomosios lazdelės

ማንካቺና

samtis

ማንካ መረቅ

mentelė

መገልበጢ ባደላ

plaktuvas

መኸስተር ውርጪ

koštuvas

መንፊት መግቢ

sietas

መንፊት

trintuvė

መፋሕፍሒ

grūstuvė

ሞርታር

kepsninė

ባርቢክዩ

atvira liepsna

ስፍራ ሓዊ

pjaustymo lentelė

እንጨይቲ ምምታር

kočėlas

እንጨይቲ ኩረር

kamščiatraukis

መኽፈት ቡሽ

skardinė

ታኒካ

skardinių atidarytuvas

መኽፈቲ ታኒካ

puodkėlė

ጨርቂ ድስቲ

kriauklė

ቡምባ

šepetys

አስባሶላ

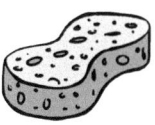

kempinė

ሰፍነግ

trintuvas

ሓዋሲ አደባላጆ

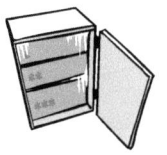

šaldiklis

መዝሓሲ በረድ

kūdikių buteliukas

ጥርሙዝ ማማይ

čiaupas

ቡምባ ማይ

šildymas
መውዓዪ

dušas
መሕጸቢ ሻወር

rankšluostis
ሽጎማኖ

dušo užuolaidos
ሻወር መጋረጃ

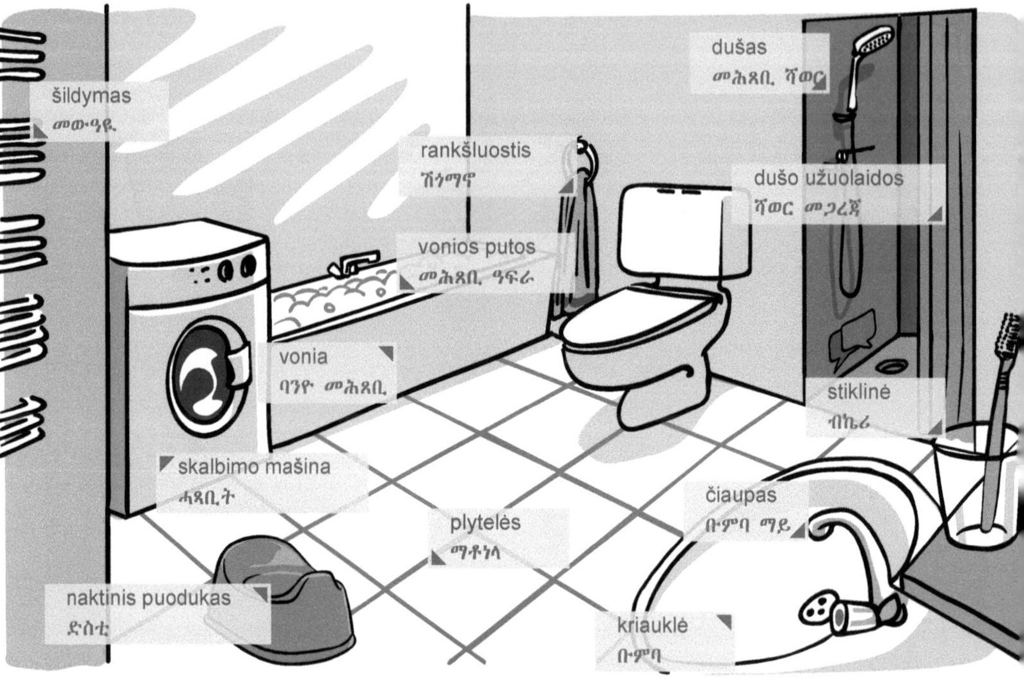

vonios putos
መሕጸቢ ዓፍራ

vonia
ባንዮ መሕጸቢ

stiklinė
ብኬሪ

skalbimo mašina
ሓጻቢት

plytelės
ማቶነላ

čiaupas
ቡምባ ማይ

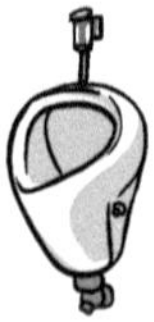

naktinis puodukas
ድስቲ

kriauklė
ቡምባ

unitazas	tupimasis unitazas	bidė
ሽቓቕ	ሽቓቕ ኮፍ	በዱ
pisuaras	tualetinis popierius	unitazo šepetys
ሽቓቕ ተባዕታይ	ወረቐት ሽቓቕ	አስባስላ ሽቓቕ

dantų šepetėlis

ኣስባስላ ስኒ

dantų pasta

ክሬማ ስኒ

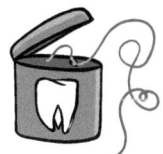

dantų siūlas

ሃሪ ስኒ

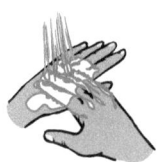

plauti

ሓጸበ

dušo galvutė

ዱሽ ኢድ

higieninis dušas

ዱሽ

praustuvas

ብርጭቆ ምሕጻብ

nugaros plaušinė

ኣስባስላ ሕቖ

muilas

ሳምና

dušo želė

ሻዎር ጀል

šampūnas

ሻምፑ

plaušinė

ጨርቂ መሕጸቢ

kanalizacija

መውሓዚ

kremas

ክሬማ

dezodorantas

ደዮ ጨና

veidrodis

መስትያት

veidrodėlis

ናይ ኢድ መስትያት

skustuvas

መላጸ

skutimosi putos

ዓፍራ ምልጸይ

losjonas po skutimosi

ጨና ድሕሪ ምልጸይ

šukos

መመሸጥ

šepetys

አስባስላ

plaukų džiovintuvas

መንቆጺ ጸግሪ

plaukų lakas

ስፕረይ ጸግሪ

makiažas

መመላኽዒ

lūpdažis

ብርዒ ቀለም ከንፈር

nagų lakas

አዝማልቶ

vata

ጸምሪ ጡጥ

žirklutės nagams

መስደዲ ጽፍሪ

kvepalai

ጨና

maišelis skalbiniams

ሳንጣ መሕጸቢ.

taburetė

ድኳ

svarstyklės

ሚዛን

chalatas

ክዳን መሕጸቢ.

guminės pirštinės

ጎንቲ መጸረዪ.

tamponas

ታምፖን

higieninis įklotas

ጨርቂ ሰበይቲ

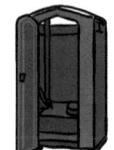

biotualetas

ሽቓቕ ከሚስትሪ

vaiko kambarys

ክፍሊ ቆልዑ

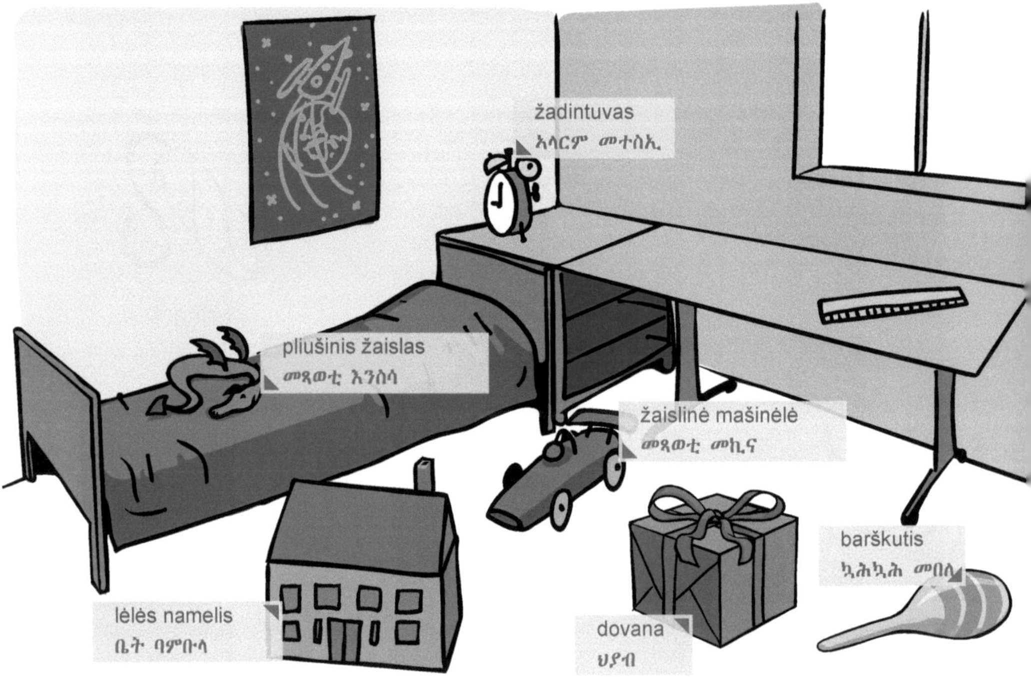
žadintuvas
ኣላርም መተስኢ
pliušinis žaislas
መጻወቲ እንስሳ
žaislinė mašinėlė
መጻወቲ መኪና
barškutis
ኳሕኳሕ መበሊ
lėlės namelis
ቤት ባምቡላ
dovana
ህያብ

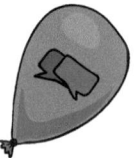

balionas

ባላንችና

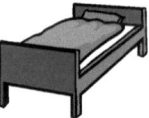

lova

ዓራት

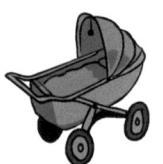

vaikiškas vežimėlis

ሰረገላ ህጻን

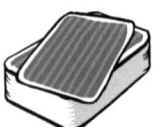

kortų malka

ጸወታ ካርታ

delionė

ሕንቅሊተይ

SUPER
MEGA

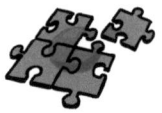

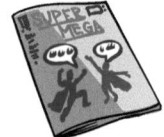

komiksai

ኮሜዲ

lego kaladėlės

እምንታት መጻወቲ ለጎ

žaislinės kaladėlės

መጻወቲ እምንታት

figūrėlė

በዓል አክቸን

šliaužtinukai

ክዳን ማማይ

mėtymo lėkštė

ፍሪስቢ

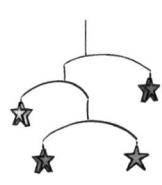

karuselė

ሞባይል ማማይ

stalo žaidimas

ጸወታ ሰሌዳ

kauliukai

ኩቦ

žaislinis traukinys

ሞደል ባቡር ምድሪ

žindukas

ዓባስ

vakarėlis

ፓርቲ

paveiksliukų knygelė

መጽሓፍ ስእሊ

kamuolys

ኩዕሶ

lėlė

ባምቡላ

žaisti

ተጻወተ

smėlio dėžė

መጻወቲ ሓጺ

sūpynės

ሰላል

žaislai

መጻወቲታት

žaidimų konsolė

ኮንሶል ቪድዮ

triratukas

መጻወቲ ሰለስተ መንኮርኮር

meškiukas

ተዲ

drabužių spinta

ከብሒ ክዳን

drabužis

ክዳን

kojinės

ካልስታት

kojinės virš kelių

ነዊሕ ካልስታት

pėdkelnės

ስረ ካልሲ.

šalikas
ሻርባ

diržas
ቀልፊ

skėtis
ጽላል

marškinėliai
ማልያ

ilgauliai batai
ረፋዕ

šlepetės
ጫማ ገዛ

sportbačiai
ስኒከርስ

sandalai
ሽበጥ

batai
ጫማ

guminiai batai
ረፋዕ ጎማ

trumpikės
ሙታንታ

liemenėlė
ክዳን ጡብ

liemenė
ትሕተ ካሚቻ

glaustinukė

ቦዲ

kelnės

ስረ

džinsai

ጂንስ

sijonas

ቀምሽ

palaidinė

ካምቻ

marškiniai

ካሚቻ

megztinis

ጉልፎ

megztinis su gobtuvu

ጎልፎ

švarkelis

ጃኬት

švarkas

ጃከት

paltas

ጆባ

lietpaltis

ክዳን ዝናብ

kostiumas

ኮስቱም

suknelė

ቀምሽ

vestuvinė suknelė

ቀምሽ መርዓ

kostiumas

ልብሲ.

naktiniai marškiniai

ካሚቻ ለይቲ

pižama

ክዳን ለይቲ

saris

ሳሪ

skarelė

መሃረብ ርእሲ.

tiurbanas

ቱርባን

burka

ቡርካ

kaftanas

ካፍታን

abaja

አባያ

maudymosi kostiumėlis

ክዳን መሕምበሲ.

glaudės

ስረ መሕምበሲ.

šortai

ሓጺር ስረ

sportinis kostiumas

ክዳን ታዕሊም

prijuostė

በጃ ክዳን

pirštinės

ጓንቲ

saga

መልጎም

akiniai

መነጽር

apyrankė

በንናጅር

vėrinys

ማዕተብ

žiedas

ቀለበት

auskaras

ኩትሻ

kepurė

ቆብዕ

pakabas

መንበሪ ጁባ

skrybėlė

ባርኔጣ

kaklaraištis

ካራባት

užtrauktukas

ዛርነጣ

šalmas

ሀልመት

breketai

መድልደል ስሪ

mokyklinė uniforma

ድቢዛ ቤትትምህርቲ

uniforma

ድቢዛ

seilinukas

ሰደርያ ቆልዓ

žindukas

ዓባስ

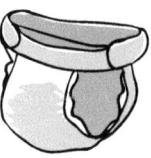

vystyklai

ጨርቂ ማማይ

biuras

ቤት ጽሕፈት

serveris
ሰርቨር

dokumentų spinta
ከብሒ ሰነድ

spausdintuvas
ፕሪንተር

vaizduoklis
ሞኒተር

popierius
ወረቃት

rašomasis stalas
ጣውላ ምጽሓፍ

pelė
ኣንጭዋ

aplankas
ሓፃሬ

klaviatūra
ኪቦርድ

šiukšliadėžė
ጎሓፍ ወረቃት

kėdė
መንበር

kompiuteris
ኮምፒተር

kavos puodelis

ብርጭቆ ቡን

kalkuliatorius

ካልኩለተር

internetas

ኢንተርኔት

nešiojamasis kompiuteris

ለፕቶፕ

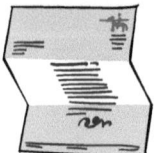

laiškas

ደብዳበ

žinutė

መልእክቲ

mobilusis telefonas

ሞባይል

tinklas

ኔትወርክ/መርበብ

fotokopijavimo aparatas

መቅድሒ ፎቶኮፒ

programinė įranga

ሶፍትዌር

telefonas

ተለፎን

kištukinis lizdas

ሶከት ኳረንቲ

faksas

ፋክስ

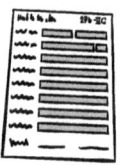

forma

ፎርም

dokumentas

ሰነድ

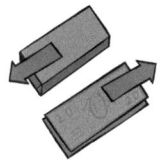

pirkti

ገዝአ

mokėti

ከፈለ

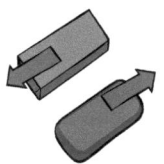

prekiauti

ንግዲ

pinigai

ገንዘብ

doleris

ዶላር

euras

አይሮ

jena

የን

rublis

ሩብል

Šveicarijos frankas

ስዊዝ ፍራንክን

juanis

ረንሚንቢ. ዩዋን

rupija

ሩፕየ

bankomatas

መውጽኢ. ማሽን ገንዘብ

valiutos keitykla

በታ ቅያር ገንዘብ

auksas

ወርቂ

sidabras

ብሩር

nafta

ዘይቲ

energija

ሓይሊ

kaina

ዋጋ

sutartis

ውዕል

mokestis

ቀረጽ

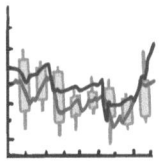

akcijos

እኹብ ጥሪ-ነገራት

dirbti

ሰርሐ

darbuotojas

ሰራሕተኛ

darbdavys

አስራሒ

gamykla

ትካል

parduotuvė

ዱኳን

profesijos
ሞያታት

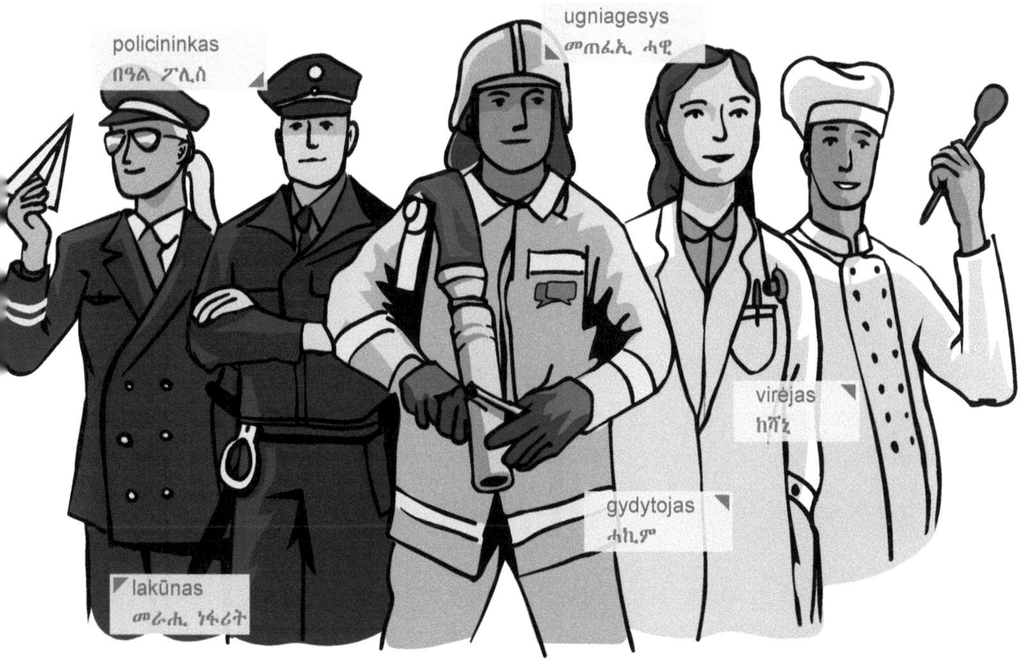
policininkas
በዓል ፖሊስ
ugniagesys
መጠፊኢ ሓዊ
virėjas
ከሻኒ
gydytojas
ሓኪም
lakūnas
መራሒ ነፋሪት

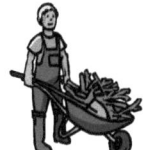

sodininkas

ሰራሕተኛ ጀርዲን

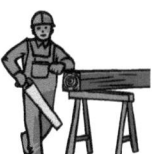

stalius

ጸራቢ ዕንጸይቲ

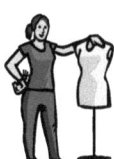

siuvėja

ሰፋይት

teisėjas

ፈራዳይ

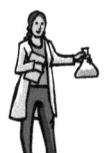

chemikas

ቀማሚ

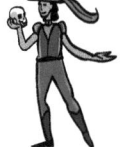

aktorius

ተዋሳኢ

autobuso vairuotojas

መራሒ አዉቶቡስ

taksi vairuotojas

አውቲስታ ታክሲ

žvejys

ገፋፊ ዓሳ

valytoja

ጸራጊት

stogdengys

ሃናጻይ ናሕሲ

padavėjas

አሰላፊ

medžiotojas

ሃዳናይ

dailininkas

ሰአላይ

kepėjas

እንዳ ሕብስቲ

elektrikas

ኤለትሪከኛ

statybininkas

ሃናጺ አባይቲ

inžinierius

ሃንዳሲ

mėsininkas

ሰራሕተኛ እንዳ ስጋ

santechnikas

ድራብሊኮ

paštininkas

አማላላሲ ፖስጣ

kareivis

ወተሃደር

architektas

መሃንድስ

kasininkas

ተሓዝ ገንዘብ

gėlininkas

ሰራሕተኛ ዕምባባ

kirpėjas

ቀምቃማይ

konduktorius

ፈተሪኖ

mechanikas

መካኒክ

kapitonas

መራሒ መርከብ

odontologas

ሓኪም ስኒ

mokslininkas

ተመራማሪ

rabinas

ራቢ

imamas

ኢማም

vienuolis

ፈላሲ

kunigas

ቀሺ

įrankiai

ናውቲ

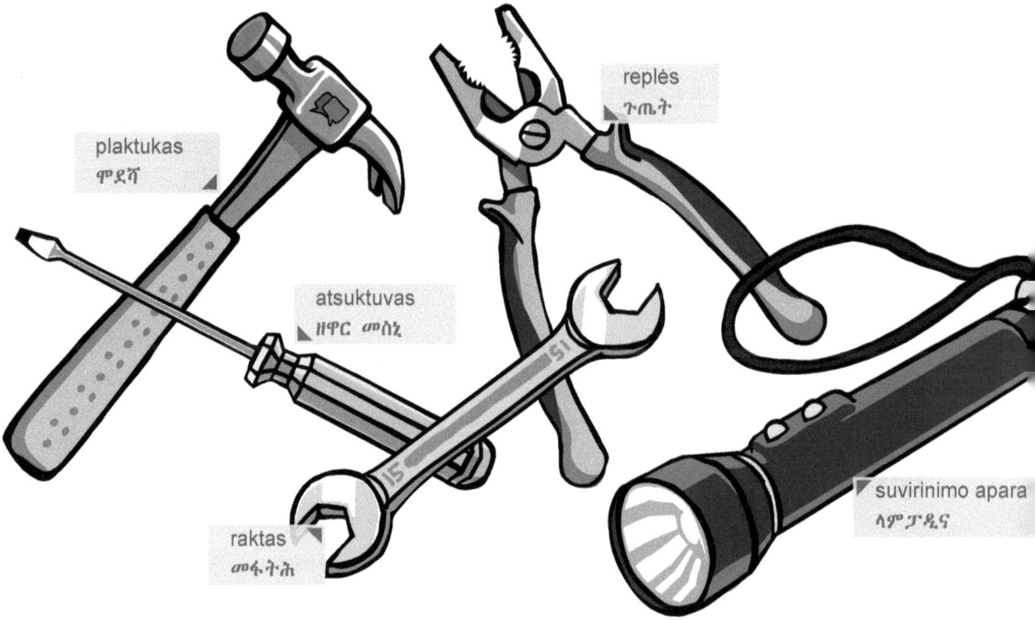

plaktukas
ሞደሻ
replės
ጉጤት
atsuktuvas
ዘዋር መስኺ
raktas
መፍትሕ
suvirinimo apara
ላምፓዲና

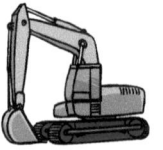

ekskavatorius
....
ፈሓሪ

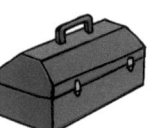

įrankių dėžė
....
ናውቲ ቦክስ

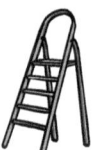

kopėčios
....
መደያይቦ

pjūklas
....
መጋዝ

vinys
....
መስማር

grąžtas
....
ኰዓቲ

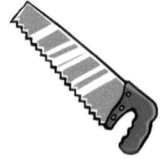

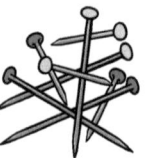

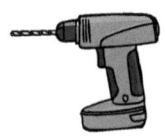

taisyti

ምዕራይ

kastuvas

ባደላ

Velniava!

ኣይ!

semtuvėlis

መትሓዚ ዶሮና

dažų skardinė

ድስቲ ቀለም

varžtai

ካቾቢተ

muzikos instrumentai

መሳርሒ ሙዚቃ

būgnų rinkinys
ከበሮታት

garsiakalbis
እስፒከር

kontrabosas
ረጉድ ዓባይ
ጊታር

trimitas
ትሮምፐት

gitara
ጊታር

pianinas

ፒያኖ

smuikas

ቪዮሊን

bosinė gitara

ባስ ጊታር

timpanas

ቲምፓኒ

būgnai

ከበሮ

sintezatorius

ኦርጋን

saksofonas

ሳክሶፎን

fleita

ሻምብቆ

mikrofonas

ሚክሮፎን

muzikos instrumentai - መሳርሒ ሙዚቃ

jėjimas
መእተዊ

tigras
ነብር

narvas
ጎጆያ

zebras
አድጊ በረኻ

gyvūnų pašaras
መግቢ እንስሳ

panda
ፓንዳ

gyvūnai

እንስሳታት

dramblys

ሓርማዝ

kengūra

ካንጋሩ

raganosis

ሓሪሽ

gorila

ጉሪላ

meška

ድቢ

kupranugaris

ገመል

strutis

ሰገን

liūtas

አንበሳ

beždžionė

ህበይ

flamingas

ፍላሚንጎ

papūga

ሕንጻይ

baltoji meška

ድቢ በረድ

pingvinas

ፐንጉን

ryklys

ከልቢ ዓሳ

povas

ጣውስ

gyvatė

ተመን

krokodilas

ሓርገጽ

zoologijos sodo prižiūrėtojas

ሓላዊ ቤት ገርድሽ

ruonis

ዓሳ ዚምገብ እንስሳ ባሕሪ

jaguaras

ጃጓር

ponis

ሓጺር ፈረስ

leopardas

ነብሪ

begemotas

ጉማሬ

žirafa

ጂራፍ

erelis

ሊላ

šernas

መፍለስ

žuvis

ዓሳ

vėžlys

ጎብየ

vėplys

ዋልሩስ

lapė

ወኻርያ

gazelė

ሰስሓ

amerikietiškas futbolas
ናይ አሜሪካ ኩዕሶ እግሪ

dviračių sportas
ምዝዋር ብሽግለታ

tenisas
ተኒስ

krepšinis
ባስከትባል

plaukimas
ምሕምባስ

ledo ritulys
ሆኪ በረድ

boksas
ቦክሲንግ

futbolas
ኩዕሶ እግሪ

badmintonas
ባድሚንተን

atletika
እስፖርታዊ ንጥፈታት

rankinis
ኩዕሶ ኢድ

slidinėjimas
ስኪ

polas
ፖሎ

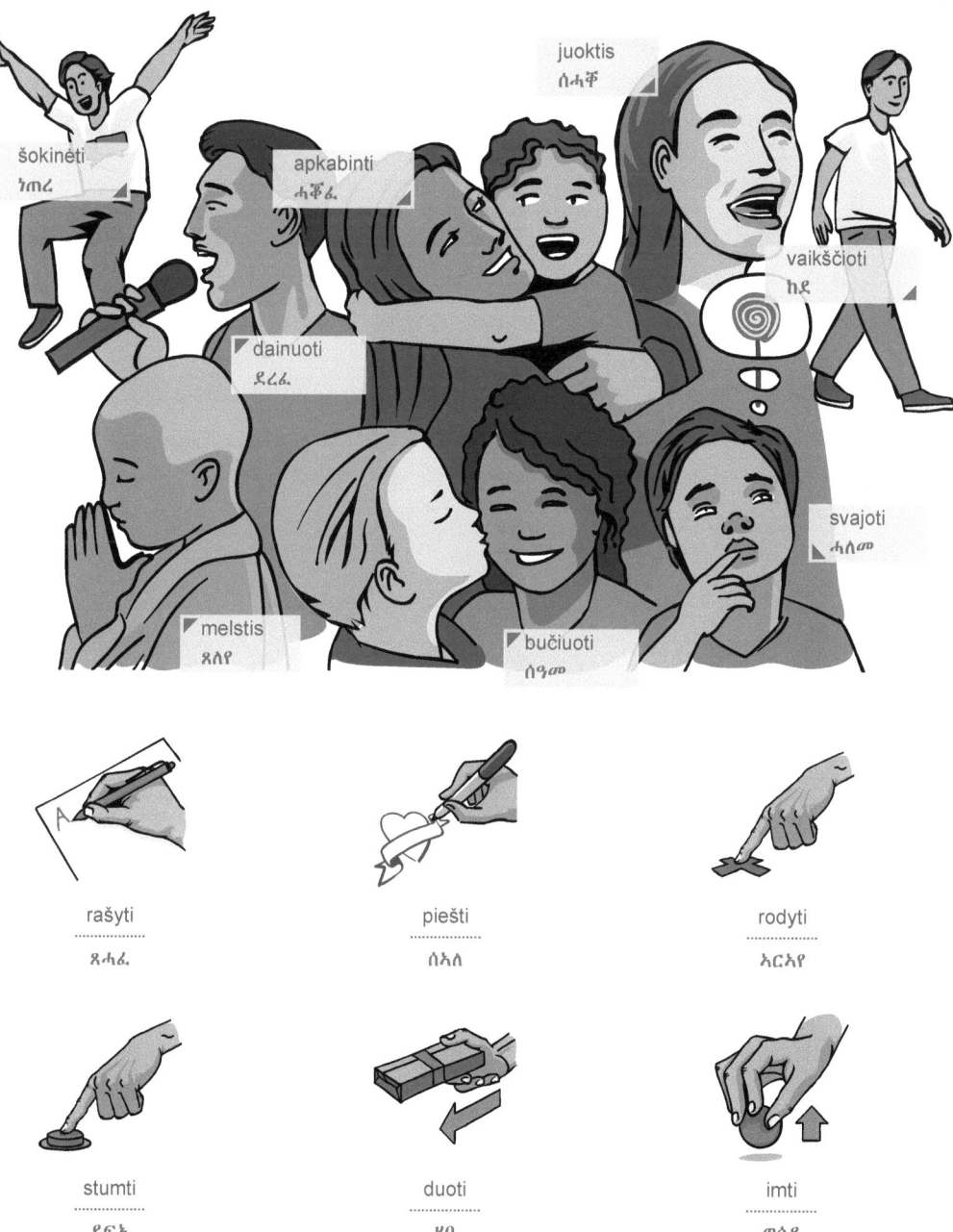

šokinėti
ነጠረ

juoktis
ሰሐቐ

apkabinti
ሓቘፈ

vaikščioti
ከደ

dainuoti
ደረፈ

svajoti
ሓለመ

melstis
ጸለየ

bučiuoti
ሰዓመ

rašyti
ጸሓፈ

piešti
ሰአለ

rodyti
አርአየ

stumti
ደፍአ

duoti
ሃበ

imti
ወሰደ

turėti

አለው

daryti

ገበረ

būti

ኮነ

stovėti

ጠጠው በለ

bėgti

ጎየየ

traukti

ሰሓበ

mesti

ሰንደወ

kristi

ወደቐ

meluoti

ሓሰወ

laukti

ተጸበየ

nešti

ሰከም

sėdėti

ኮፍ በለ

rengtis

ተኸድነ

miegoti

ደቀሰ

pabusti

ተስአ

žiūrėti

ረአየ

verkti

በኸየ

glostyti

ብአጻብሩ ደረዘ

šukuoti

መሸጠ

kalbėti

ተዛረበ

suprasti

ተረድአ

paklausti

ሐተተ

klausytis

ሰምዐ

gerti

ሰተየ

valgyti

በልዐ

tvarkytis

አጽመጠ

mylėti

አፍቀረ

gaminti

ከሸነ

vairuoti

ዘወረ

skristi

ነፈረ

buriuoti

ብመርከብ ገየሽ

skaičiuoti

ደመረ

skaityti

አንበበ

mokytis

ተመሃረ

dirbti

ሰርሐ

vesti

መርዓወ

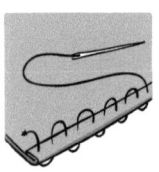

siūti

ሰፈየ

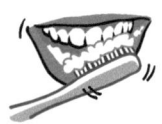

valytis dantis

ጽሬት አስናን

žudyti

ቀተለ

rūkyti

ሽጋራ ተከሸ

siųsti

ሰደደ

šeima
ስድራቤት

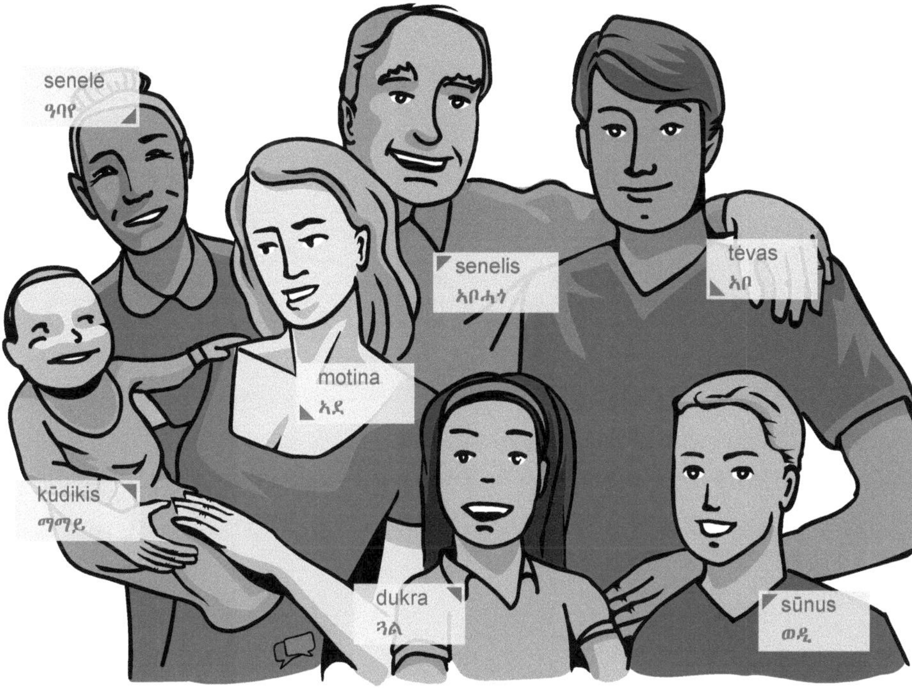

senelė
ዓባየ
senelis
ኣቦሓጎ
tėvas
ኣቦ
motina
ኣደ
kūdikis
ማማይ
dukra
ጓል
sūnus
ወዲ

svečias

ጋሻ

teta

ሓትኖ

dėdė

ኣኮ

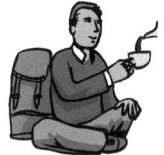

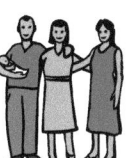

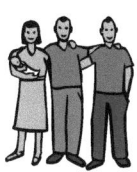

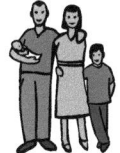

brolis

ሓው

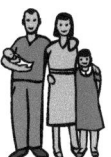

sesuo

ሓፍቲ

kūnas

ኣካላት

kakta
ግንባር
akis
ዓይኒ
petys
መንኩብ
pirštas
ኣጻብዕ
veidas
ገጽ
smakras
መንከስ
plaštaka
ኢድ
koja
ሽፋን እግሪ
krūtinė
ኣፍ-ልቢ
ranka
ምናት

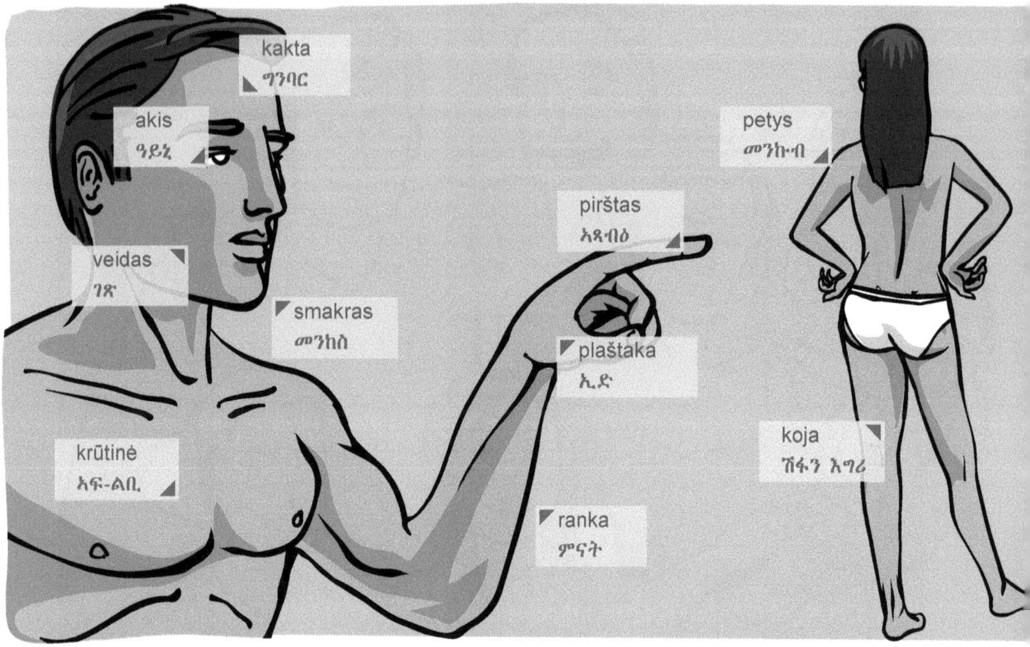

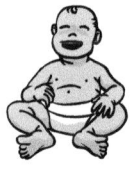

kūdikis

ማማይ

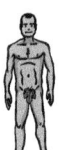

vyras

ሰብኣይ

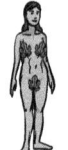

moteris

ሰበይቲ

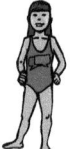

mergaitė

ጓል

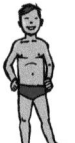

berniukas

ወዲ

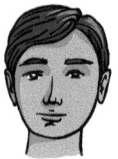

galva

ርእሲ

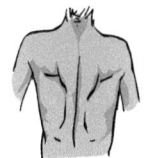

nugara

ሕቖ

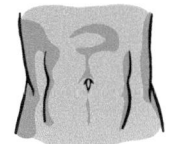

pilvas

ከስዐ

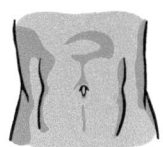

bamba

ሕምብርቲ

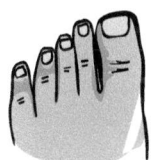

kojos pirštas

አጻብዕ እግሪ

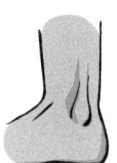

kulnas

ኩርኵረ

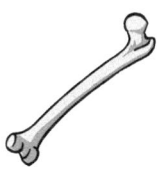

kaulas

ዓጽሚ

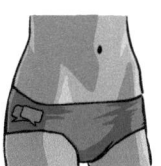

klubas

ምሕኵልቲ

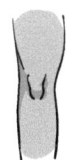

kelis

ብርኪ

alkūnė

ፈግፈጉ

nosis

አፍንጫ

sėdmenys

መዓኮር

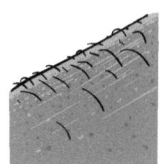

oda

ቆርበት

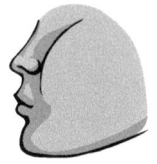

skruostas

ምዕጉርቲ

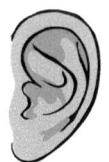

ausis

እዝኒ

lūpa

ከንፈር

kūnas - አካላት

69

burna

አፍ

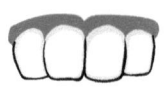

dantis

ስኒ

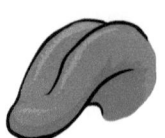

liežuvis

መልሓስ

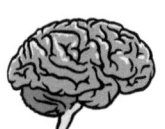

smegenys

ሓንጎል

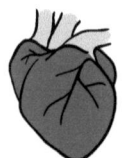

širdis

ልቢ

raumuo

ጭዋዳ

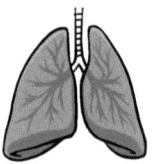

plaučiai

ሳንቡእ

kepenys

ጸላም ከብዲ

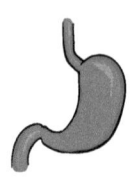

skrandis

ከብዲ

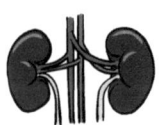

inkstai

ኩሊት

seksas

ግብረ ስጋ

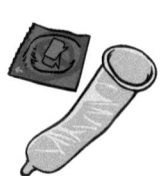

prezervatyvas

ኮንዶም

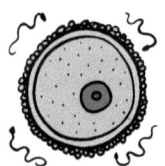

kiaušialąstė

እንቋቍሓ

sperma

ዘርኢ ተባዕታይ

nėštumas

ጥንሲ

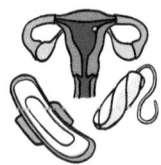

menstruacijos

ጽግያት

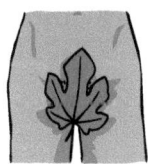

makštis

ርሕሚ

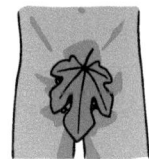

varpa

መትሎ

antakis

ሽፋሽፍቲ

plaukai

ጸጉሪ

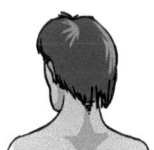

kaklas

ክሳድ

ligoninė

ሆስፒታል

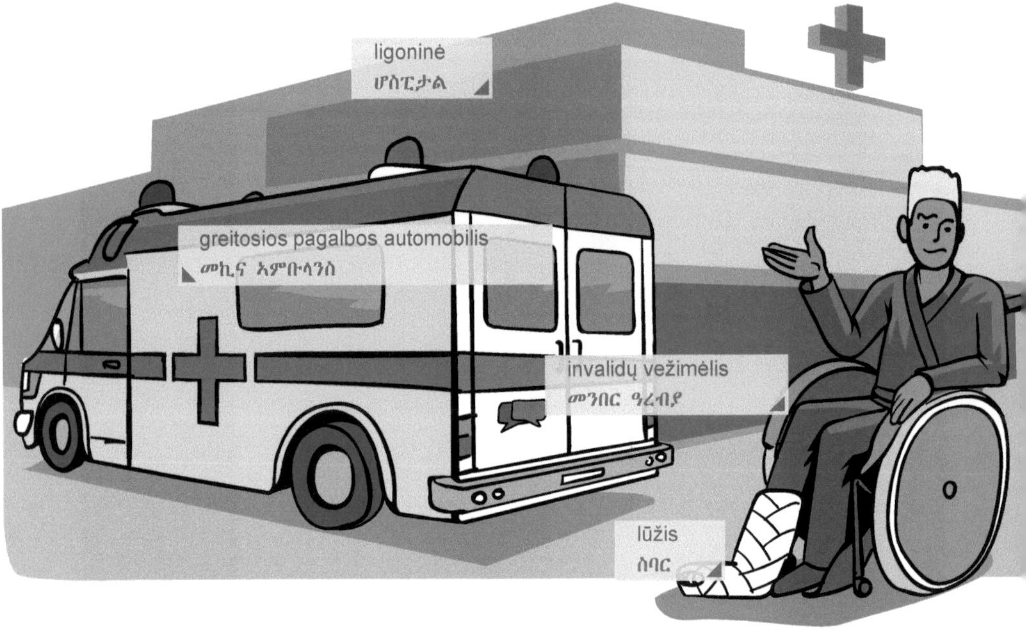

ligoninė
ሆስፒታል
greitosios pagalbos automobilis
መኪና ኣምቡላንስ
invalidų vežimėlis
መንበር ዓረብያ
lūžis
ስባር

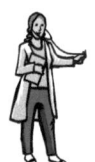

gydytojas

ሓኪም

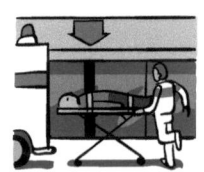

skubios pagalbos skyrius

ክፍሊ ህጹጽ ረድኤት

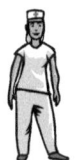

slaugytoja

ኣላይት

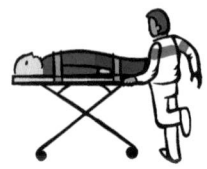

nelaimingas atsitikimas

ህጹጽ ኩነት

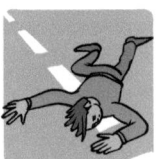

be sąmonės

ውነኡ ዘጥፍአ

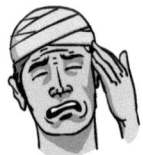

skausmas

ቃንዛ

sužalojimas

ጉድኣት

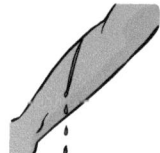

kraujavimas

ደም

širdies smūgis

ማህረምቲ

insultas

ማህረምቲ

alergija

ኣለርጂ

kosulys

ሰዓል

karščiavimas

ረስኒ

gripas

ኡንፍልወንዛ

viduriavimas

ውጽኣት

galvos skausmas

ቃንዛ ርእሲ.

vėžys

መንሽሮ

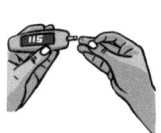

diabetas

ሹኮርያ

chirurgas

ሓኪም መጥባሕቲ

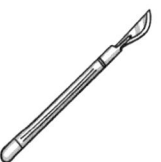

skalpelis

መጥብሒ.

operacija

መጥባሕቲ

KT

CT

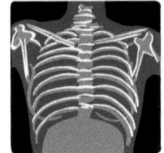

rentgenas

ራጂ

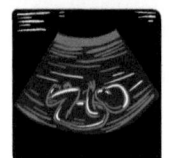

ultragarsas

ልዕለ ድምጻዊ

veido kaukė

መሸፈኒ ገጽ

liga

ሕማም

laukiamasis

ክፍሊ ምጽባይ

ramentas

ምርኩስ

gipsas

መጅነኒ ቄስሊ

tvarstis

መጅነኒ

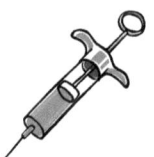

injekcija

መርፍዕ ምውጋእ

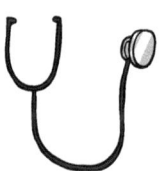

stetoskopas

ስተቶስኮፕ

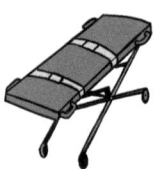

neštuvai

መሰከሚ ሕማም

termometras

ቴርሞመተር

gimimas

ትውልዲ

antsvoris

ልዕለ-ሚዛን

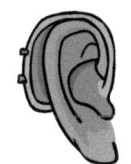

klausos aparatas

ሓገዝ ምስማዕ

dezinfekavimo priemonė

ኣንጻሒ

infekcija

ልበዳ

virusas

ቫይረስ

ŽIV / AIDS

ኤድስ

vaistas

ሕክምና

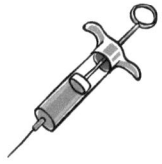

skiepijimas

ክታብ

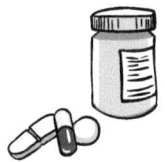

tabletės

ከኒና

piliulė

ከኒና

skubios pagalbos numeris

ህጹጽ ምድዋል

kraujospūdžio matuoklis

መዕቀኒ ጸቕጢ ደም

ligotas / sveikas

ሕሙም / ጥዑይ

Padėkite!

ሓገዝ

pavojaus signalas

አላርም

užpuolimas

ምህጃም

ataka

መጥቃዕቲ

pavojus

ድንገት

avarinis išėjimas

ሀጹጽ መውጽኢ

Gaisras!

ሓዊ!

gesintuvas

መጥፍኢ ሓዊ

nelaimingas atsitikimas

ሓደጋ

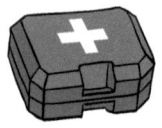

pirmosios pagalbos rinkinys

ሳንጣ ቀዳማይ ረድኤት

SOS

SOS

policija

ፖሊስ

Europa

ኤውሮጳ

Šiaurės Amerika

ሰሜን አሜሪካ

Pietų Amerika

ደቡብ አሜሪካ

Afrika

አፍሪቃ

Azija

ኤስያ

Australija

አውስትራልያ

Atlanto vandenynas

አትላንቲክ

Ramusis vandenynas

ፓሲፊክ

Indijos vandenynas

ህንዳዊ ዉቅያኖስ

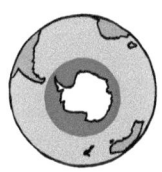

Pietų vandenynas

አንታርቲካዊ ዉቅያኖስ

Arkties vandenynas

አርክቲካዊ ዉቅያኖስ

Šiaurės ašigalis

ሰሜናዊ ዋልታ

Pietų ašigalis

ደቡባዊ ዋልታ

Antarktida

አንታርቲካ

Žemė

ምድሪ

sausuma

መሬት

jūra

ባሕሪ

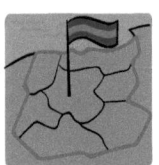

sala

ደሴት

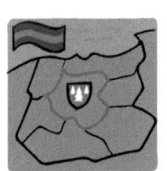

tauta

ሀገር

valstybė

ዓዲ

ciferblatas

ገጽ ሰዓት

valandinė rodyklė

አመልካቺ ሰዓታት

minutinė rodyklė

አመልካቺ ደቃይቇ

sekundinė rodyklė

አመልካቺ ካልኢት

Kiek valandų?

ሰዓት ክንደይ አሎ?

diena

መዓልቺ

laikas

ግዜ

dabar

ሕጂ

skaitmeninis laikrodis

ዲጊታል ሰዓት

minutė

ደቒቇ

valanda

ሰዓት

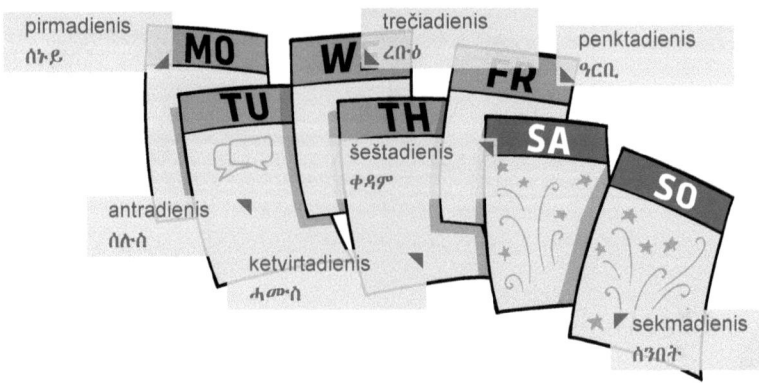

pirmadienis
ሰኑይ

trečiadienis
ረቡዕ

penktadienis
ዓርቢ

antradienis
ሰሉስ

šeštadienis
ቀዳም

ketvirtadienis
ሓሙስ

sekmadienis
ሰንበት

vakar

ትማሊ

šiandien

ሎሚ

rytoj

ጽባሕ

rytas

ንጎሆ

vidurdienis

ቀትሪ

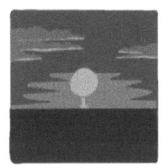

vakaras

ምሸት

darbo dienos

መዓልታት ስራሕ

savaitgalis

መወዳእታ ሰሙን

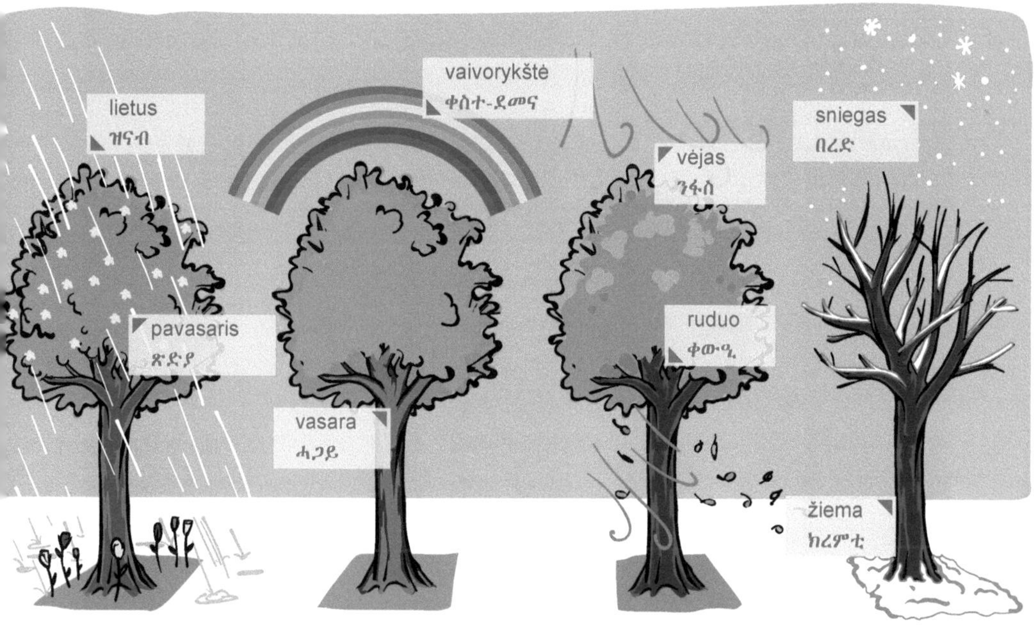

lietus
ዝናብ

vaivorykštė
ቀስተ-ደመና

vėjas
ንፋስ

sniegas
በረድ

pavasaris
ጸድያ

vasara
ሓጋይ

ruduo
ቀውዒ

žiema
ክረምቲ

4.APRIL	11°	☀
5.APRIL	4°	⛅
6.APRIL	13°	⛈
7.APRIL	8°	☀
8.APRIL	10°	☀

orų prognozė
ትንቢት ኩነታት አየር

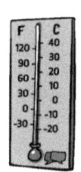

lauko termometras
ቴርሞ ሜተር

saulės šviesa
ብርሃን ጸሓይ

debesis
ደበና

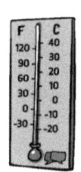

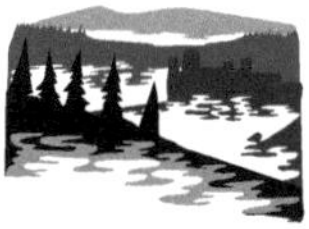

rūkas
ግመ

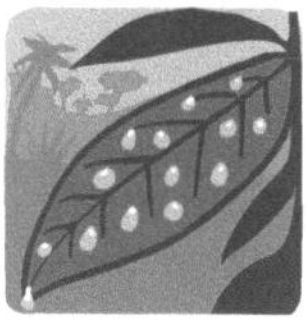

drėgmė
ጠሊ

žaibas

ብርቂ

griaustinis

ነጕዳ

audra

ሀቦብላ

kruša

በረድ

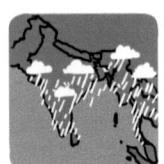

musonas

ብርቱዕ ሀቦብላ

potvynis

ውሕጅ

ledas

በረድ

sausis

ጥሪ

vasaris

ለካቲት

kovas

መጋቢት

balandis

ሚያዝያ

gegužė

ጉንቦት

birželis

ሰነ

liepa

ሓምለ

rugpjūtis

ነሓሰ

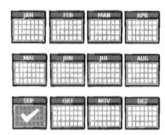

rugsėjis

መስከረም

spalis

ጥቅምቲ

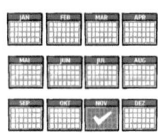

lapkritis

ሕዳር

gruodis

ታሕሳስ

formos

ቅርጽታት

apskritimas

ዙርያ

kvadratas

ትርብዒት

stačiakampis

ቅኑዕ ርቡዕ ኵርናዕ

trikampis

ስሉስ ኵርናዕ

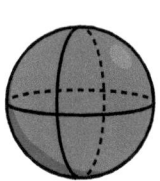

sfera

ክቢ

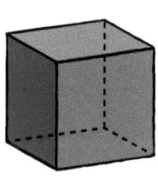

kubas

ኩቦ

balta

ጸዕዳ

geltona

ብጫ

oranžinė

አራንጄ

rožinė

ፒንክ

raudona

ቀይሕ

violetinė

ጁኽ

mėlyna

ሰማያዊ

žalia

ቀጠልያ

ruda

ቡናዊ

pilka

ሓሙኽሽታይ

juoda

ጸሊም

daug / mažai

ብዙሕ / ውሑድ

piktas / ramus

ሕሩቕ / ሰላማዊ

gražus / bjaurus

ጽቡቕ / ክፉእ

pradžia / pabaiga

መጀመርያ / መወዳእታ

didelis / mažas

ዓቢ / ንእሽቶ

šviesus / tamsus

ብሩህ / ጸልማት

brolis / sesuo

ሓው / ሓፍት

švarus / purvinas

ጽሩይ / ርሳሕ

užbaigtas / neužbaigtas

ምሉእ / ዘይምሉእ

diena / naktis

መዓልቲ / ለይቲ

miręs / gyvas

ሙዉት / ህልው

platus / siauras

ሰፊሕ / ጸቢብ

valgomas / nevalgomas

ደስ ዘበል / ደስ ዘይብል

piktas / malonus

እኩይ / ህያዋይ

linksmas / nuobodus

ርቡጽ / ስልኩይ

storas / plonas

ረጒድ / ቀጢን

pirmiausia / paskiausia

ቀዳማይ / ናይ መወዳእታ

draugas / priešas

ዓርኪ / ጸላኢ

pilnas / tuščias

ምሉእ / ባዶ

kietas / minkštas

ተሪር / ልስሉስ

sunkus / lengvas

ከቢድ / ፈኲስ

alkis / troškulys

ጥምየት / ጽምየት

ligotas / sveikas

ሕሙም / ጥዑይ

nelegalus / legalus

ዘይሕጋዊ / ሕጋዊ

protingas / kvailas

መስተውዓሊ / ስዲ

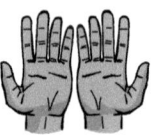

kairė / dešinė

ጸጋም / የማን

arti / toli

ቀረባ / ርሑቕ

naujas / naudotas

ሓዲሽ / ብሉይ

niekas / kažkas

ዋላ ሓደ / ገለ

senas / jaunas

ዓቢ/ኣረጊት / መንእሰይ

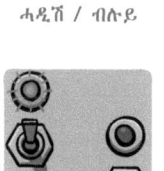

jjungta / išjungta

ወልዕ / ኣጥፍእ

atidaryta / uždaryta

ክፉት / ዕጹው

tylus / garsus

ህዱእ / ዓው

turtingas / vargšas

ሃብታም / ድኻ

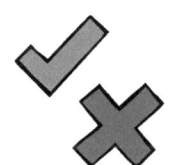

teisus / neteisus

ቅኑዕ / ግጉይ

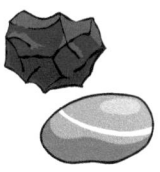

šiurkštus / švelnus

ሓርፋፍ / ልሙጽ

liūdnas / laimingas

ጉሁይ / ሕጉስ

trumpas / ilgas

ሓጺር / ነዊሕ

lėtas / greitas

ቀስ / ቅልጡፍ

drėgnas / sausas

ጥሉል / ንቑጽ

šiltas / šaltas

ምዉቕ / ዝሑል

karas / taika

ውግእ / ሰላም

0

nulis

ዜሮ

1

vienas

ሓደ

2

du

ክልተ

3

trys

ሰለስተ

4

keturi

ኣርባዕተ

5

penki

ሓሙሽተ

6

šeši

ሽዱሽተ

7

septyni

ሸውዓተ

8

aštuoni

ሸሞንተ

9

devyni

ትሽዓተ

10

dešimt

ዓሰርተ

11

vienuolika

ዓሰርተ ሓደ

12
dvylika

ዓሰርተ ክልተ

13
trylika

ዓሰርተ ሰለስተ

14
keturiolika

ዓሰርተ ኣርባዕተ

15
penkiolika

ዓሰርተ ሓሙሽተ

16
šešiolika

ዓሰርተ ሽዱሽተ

17
septyniolika

ዓሰርተ ሸውዓተ

18
aštuoniolika

ዓሰርተ ሸሞንተ

19
devyniolika

ዓሰርተ ትሸዓተ

20
dvidešimt

ዕስራ

100
šimtas

ሚእቲ

1.000
tūkstantis

ሽሕ

1.000.000
milijonas

ሚልዮን

anglų

እንግሊዝኛ

amerikiečių anglų

አመሪካዊ እንግሊዛዊ

kinų (mandarinų)

ቻይናዊ ማንዳሪን

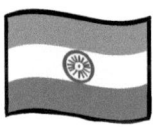

hindi

ሂንዳዊ

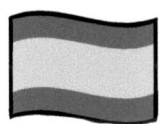

ispanų

እስጳኛዊ

prancūzų

ፈረንሳዊ

arabų

ዓረባዊ

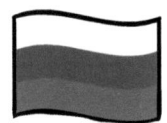

rusų

ሩሲያዊ

portugalų

ፖርቱጋላዊ

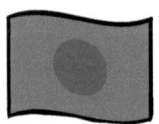

bengalų

በንጋሊ

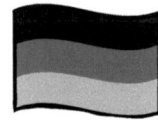

vokiečių

ጀርመናዊ

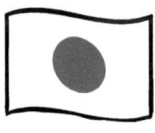

japonų

ጃፓናዊ

aš

አነ

tu

ንስኻ/ኺ

jis / ji

ንሱ / ንሳ / ንሱ

mes

ንሕና

jūs

ንስኻ

jie

ንሳቶም

kas?

መን?

ką?

እንታይ?

kaip?

ከመይ?

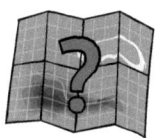

kur?

አበይ?

kada?

መዓስ?

vardas

ሽም

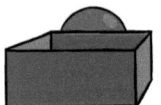

už

ድሕሪ

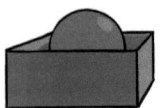

kur (vieta)

አብ

priešais

አብ ቅድሚ

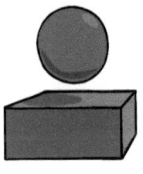

virš

አብ ላዕሊ

ant

አብ ልዕሊ

po

ትሕቲ ምድሪ

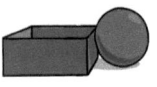

prie

አብ ጥቓ

tarp

አብ መንጎ

vieta

ቦታ